BEI GRIN MACHT SICH IHR WISSEN BEZAHLT

- Wir veröffentlichen Ihre Hausarbeit, Bachelor- und Masterarbeit

- Ihr eigenes eBook und Buch - weltweit in allen wichtigen Shops

- Verdienen Sie an jedem Verkauf

Jetzt bei www.GRIN.com hochladen und kostenlos publizieren

Daniel Dietrich

Die Filmproduktion in der Islamischen Republik Iran als Spiegel gesellschaftlichen Wandels

GRIN Verlag

Bibliografische Information der Deutschen Nationalbibliothek:

Die Deutsche Bibliothek verzeichnet diese Publikation in der Deutschen National-
bibliografie; detaillierte bibliografische Daten sind im Internet über http://dnb.d-
nb.de/ abrufbar.

Impressum:

Copyright © 2005 GRIN Verlag GmbH
Druck und Bindung: Books on Demand GmbH, Norderstedt Germany
ISBN: 978-3-656-88097-4

Dieses Buch bei GRIN:

http://www.grin.com/de/e-book/287881/die-filmproduktion-in-der-islamischen-
republik-iran-als-spiegel-gesellschaftlichen

Universität Erfurt
Philosophische Fakultät
Kolloquium „Kulturgeschichte Westasiens"
Protokoll des Vortrages „Die Filmproduktion
in der Islamischen Republik Iran als Spiegel gesellschaftlichen Wandels"
vom 25. Mai 2005

Beginn: 18.15 Uhr
Ende: 19.15 Uhr
Protokollant: Daniel Dietrich

1

Inhalt

Einleitung

In den Jahren nach der Revolution von 1978/79 verließen viele Schauspieler und Produzenten das Land, da unter dem Anführer der islamischen Revolution Ayatollah Ruhollah Khomeini unter anderem Filme verboten oder Kinos angezündet wurden. Die Voraussetzungen waren gegeben, um den Film zu islamisieren. Der Film war eine neue Materie.

Filmemachen in der Islamischen Republik

Nachdem sich die neue Islamische Republik etabliert hatte, wurde nun ein Ministerium für Kultur und islamische Rechtleitung eingerichtet. Seit dieser Zeit wurden alle Filme begutachtet.

Diese Überprüfung wurde in vier Stadien unterteilt. Im ersten Stadium wurde das Drehbuch überprüft und, wenn keine Probleme auftraten, die Produktionsgenehmigung ausgestellt. Weiterhin wurde dann der fertige Film kontrolliert und zum Schluss die Aufführungsgenehmigung ausgestellt. Es gab einen Katalog, der die Kriterien beinhaltet, einen Film abzulehnen. Gründe für die Verweigerung einer Aufführgenehmigung sind zum Beispiel Beleidigung des Islams, Beschimpfung der Islamischen Republik, die Förderung von Drogen und Prostitution, die Verneinung der Gleichheit der Menschen, die Verletzung der iranischen Interessen gegenüber Ausländer und das Zeigen von Gewalt oder Folter.

Die Produzenten und Regisseure, die sich an die ethischen Vorgaben hielten oder sogar die moralischen Wertvorstellungen unterstützten, hatten die Möglichkeit finanzielle Unterstützung zu erhalten. Die kritischen Regisseure hingegen hatten finanzielle Schwierigkeiten und mussten sich um Kredite bei Banken bemühen.

Der größte Geldgeber zu dieser Zeit war die halbstaatlich - halbprivate Farabi-Stiftung. Sie wurde 1983 gegründet und ist nicht nur eine Produktionsfirma, sondern ist auch für die Verleihung der Filme zuständig. Weiterhin warb sie für hauseigene Produkte und veranstaltete das „Fajr"-Festival. Auf diesem Festival wurden hauptsächlich Filme der Farabi-Stiftung gezeigt.

Filme, die in einem Kino laufen haben größere „Freiheiten" bei der Zensur, als normale TV-Filme, die ein breiteres Publikum erreichen. Somit war die künstlerische Freiheit in Filmen davon abhängig, welche Zielgruppe voraussichtlich erreicht wurde. Die größten „Freiheiten" haben die Festivalfilme gehabt, die nur von einer kleinen Zielgruppe gesehen wurden. Ausländische Filme, die in ihren Ländern schon einen hohen Bekanntheitsgrad erreicht haben, werden im Iran erst sehr spät oder auch gar nicht gezeigt. Die Reaktionen der Filmemacher auf diese Beschränkungen waren zum Beispiel innere Emigration (Resignation), äußere Emigration (ins Ausland), Selbstzensur, Anbiederung an Entscheidungsträger oder Anbiederung an Geldgeber. Lediglich junge Intellektuelle nahmen unter anderem hohe Geldstrafen oder Berufsverbot in Kauf, um sich bis zu einem bestimmten Grad regimekritisch zu äußern.

Die Darstellung der iranischen Gesellschaft im Film

Für die Darstellung der iranischen Gesellschaft im Film ist eine, zum großen Teil chronologisch geordnete, Unterteilung in mindestens drei, neuerdings vier Gruppen notwendig.

Den Auftakt machen die Frühen Festivalfilme. Das sind die ersten Filme in der islamischen Republik. Die Hauptdarsteller sind zumeist Kinder und die Orte spielen außerhalb Teherans. In diesen Filmen werden existentielle Probleme (wie zum Beispiel Unterdrückung, Kinderarbeit und Arbeitslosigkeit) erörtert. Die Moral (das Gute) und die Solidarität triumphieren. Es gibt ein „Happy End", welches in einem lyrischen Stil dargestellt wird. Solche Filme sind zum Beispiel „Davande" („Der Läufer") von Amir Naderi, der im Ausland nach der Revolution als erster Film gezeigt wurde (1985), der Film „Badkonak-e Sefid" („Der weiße Ballon") von Jafar Panahi, der 1995 in Cannes die „Goldene Kamera" gewann, „Khane-ye dus kojast?" („Wo ist das Haus meines Freundes?") von Abbas Kiarostami (1987) und „Bashu, Gharibe-ye kuschek" („Bashu, der kleine Fremde") von Bahram Beyzai (1988).

Im Jahre 1997 fand der Übergang zur zweiten Gruppe statt. Bei diesen Späten Festivalfilmen steht die „Welt der Erwachsenen" im Vordergrund. Es findet eine realistischere Darstellung der iranischen Gesellschaft (durch das Auftreten der Erwachsenen) statt. Probleme, wie Homosexualität und AIDS werden aufgegriffen, wobei oftmals die Probleme ungelöst bleiben. Die Ausweglosigkeit der Lage steht im Mittelpunkt dieser Filme. Weiterhin wird ein moderner Standpunkt propagiert, was aber nicht heißt, dass eine „Verwestlichung" eintritt.

Späte Festivalfilme sind unter anderem „Leila" von Dariush Mehrjui (1997), der sozialkritische Film „Do zan" („Zwei Frauen"), der 1999 von Tahmineh Milani gedreht wurde und „Dayere" („Der Kreis") von Jafar Panahi (2000), der mit dem „Goldenen Bär" ausgezeichnet wurde. Die dritte Gruppe besteht aus den Populären Festivalfilmen. In diesem Genre spielen vor allem Serien, Liebesfilme und satirische Filme eine große Rolle. Es findet eine andere Akzentuierung statt, da hier die Tradition der Moderne gegenübersteht. Auch wird der Gegensatz zwischen Stadt und Land aufgezeigt. Beispiele für diese Art von Filmen sind „Marmulak" („Die Eidechse") von Kamal Tabrizi (2004) und „Brot, Liebe und 1000cc" von Farrokh Soltani, der damit die erfolgreichste Komödie in den letzten zwanzig Jahren im Iran produzierte.

Nun entwickeln sich seit 2003 parallel zu den Populären Festivalfilmen die Filme der Jungen Generation. Hier werden die Filme nach europäischem Vorbild gedreht, die die Sprache der Jugend enthalten und die Probleme der Jugendlichen stehen wieder im Vordergrund. Mit der Jugend ist der Geburtsjahrgang von 1979 gemeint. Die Filme enthalten zum Beispiel Songs einer neuen Rockband. Ein Film in dieser Sparte ist „Nafas-e Amigh" („Der tiefe Atemzug") von Parviz Shahbazi (2003).

Der Film als Spiegel gesellschaftlichen Wandels?

Nun ist die Frage zu stellen, ob diese Filme auch wirklich der Spiegel der Gesellschaft sind. Grundsätzlich ist dies zu verneinen, da die Filme oftmals nur Probleme im Iran erörtern. Die Gesellschaft wird zu negativ dargestellt. Die Dozentin ist der Meinung, dass die Filme sehr wohl Spiegel der Gesellschaft sind. Sie ist der Auffassung, dass die Darstellungen realistisch sind und auf wahren Begebenheiten beruhen, da sie oft auf Biographien basieren.

Um die oben genannte Fragestellung zu erweitern, ist nun zu fragen, ob die Filme auch der Spiegel des gesellschaftlichen Wandels sind. Die Dozentin würde dies ebenfalls bejahen, da die politischen Probleme erläutert werden, die zu der jeweiligen Zeit existierten. Diese Probleme entstehen zum großen Teil durch das zunehmende Bevölkerungswachstum. Auch die jugendliche Bevölkerung erkennt sich und ihre Probleme (zum Beispiel das Erwachsenwerden) in den Filmen wieder, sodass durchaus dieses Medium als Spiegel des gesellschaftlichen Wandels im Iran dient.

Des Weiteren ist die Stellung der Frau als Thema in Filmen sehr interessant. So musste in den frühen 80er Jahren zum Beispiel eine Frau in einem iranischen Film keusch, frei von Begierde, sozial nützlich und verhüllt sein. Jedoch ist die Absicht, damit den Film weiter zu islamisieren, gescheitert.

Natürlich kann man in der Islamischen Republik Iran nicht nur iranische Filme anschauen, auch ausländische Filme kann man sich ausleihen. Diese werden meist nach der Genehmigung von der Farabi-Stiftung importiert. Auch deutsche Serien wie zum Beispiel „Der Alte", „Derrick" und weitere Krimiserien sind im iranischen Fernsehen sehr beliebt , ebenso Hollywoodfilme, wie „Herr der Ringe" oder „Terminator".